AF211467

Einhundertelf
Neue
Gedichte

von

Paul Spinger

Impressum:

Books on Demand GmbH, Norderstedt

ISBN-13: 9783837068221

Springe, 2008

1. Tempel der Hochkultur

Ich bin der allerletzte Deserteur!
Das Schiff geht unter, doch das stört mich nicht.
Wenn ich vom Packeis schon das Krachen hör:
Ich bleibe hier! und schreibe mein Gedicht.

Ich hau nie ab,
Und längst schon könnt ich über alle Berge sein.
Dann dieses wunderschöne Grab!,
Die Gruft, das Mausoleum, das ist mein!

Ich fühl mich wohl in einer Welt aus tausend toten
Büchern!
Wie ich sie rufe, und zum Leben bringe, weiß ich
gut.
Mein Schäfchen ist verpackt in trocknen
Leichentüchern,
Und anders, wohl versorgt, zu leben, hab ich nicht
den Mut.

So mancher Freund ist mehr als tausend Jahre alt;
Die letzte Freundin starb vor über hundert Jahren,
Und die Musik, die mir noch jetzt im Ohre hallt,
Hat ein Poet vor langer, langer Zeit erfahren.

2. Stadthektik

Die übliche Geschäftigkeit
Erschlägt mich wieder einmal fast.
Die Menschen haben keine Zeit,
Und nichts bewegt sich in der Hast.

Die Stadt ersäuft in ihrem Krach,
Für alles haben sie Maschinen.
Und jedes Ding hat schon sein Fach;
Ich sehe nur verschloss`ne Mienen.

Dann plötzlich bricht ein Regen los;
Die Straßen sind wie leer gefegt;
Die Plätze wirken riesengroß:
Es hat sich doch etwas bewegt.

3. Eichengedicht

Zeilen die sich hinten gleichen,
Sind noch lange kein Gedicht.
Siehst du dort die schönen Eichen?
Eicheln sind ´s noch lange nicht!

4. Im Wald

Tausend Farben hat der Wald,
Da ist nicht nur einfach Grün!
Immer jung und immer alt. -
Siehst du, wie die Wolken ziehn?
Laufe über weiches Moos,
Dann berühr die raue Rinde;
Winzig klein und riesengroß; -
Wie Gedanken, die ich finde.

5. Der Gedichtplan

Was in einer langen Nacht
Ich in meiner Seele fand,
Habe ich bekannt gemacht,
Weil ´s nicht nur für mich da stand.

Ob es jemand lesen will?
Eine Antwort weiß ich nicht.
Trotzdem halte ich nicht still,
Und entwerfe ein Gedicht.

6. Septembermond

Jetzt, wo es früher dunkel ist,
Grüß ich dich, Septembermond.
Freundlich bist du, gar nicht trist,
Und ein Nachtspaziergang lohnt.

Diese noch nicht kalten Nächte,
Wenn schon leicht der Herbst sich zeigt,
Liebe ich so sehr und möchte,
Dass der Winter lang noch schweigt.

7. Summertime

Süßes Mädchen – Mary Jane,
Kleines Glück? – Nein Kokain.
Möchte ich dich wiedersehn?-
Nein, ich werde weiterziehn.

Spaß, Vergnügen kannst du kaufen,
Eine kleine Weile Glück.
Elend lässt sich niedersaufen,
Doch wo ist der Weg zurück?

Weg wohin? – ich weiß es nicht; -
Oder doch: der Weg zu mir.
Manchmal ist der Weg ganz schlicht,
Kleine Worte auf Papier.

8. Die Nacht brennt

Wenn die Nacht brennt
Sind die Jungen auf den Straßen. -
Ich zähl mich nicht mehr zu den Jungen.
Wenn die Nacht brennt,
Sind ´s die Alten, die das Jungsein oft vergaßen. –
Ich zähl mich noch nicht zu den Alten.

Wenn die Nacht brennt,
Ist ´s bei mir ein Kerzenlicht,
Der heiße Tee,
Das süße Sehnen,
Weil die Nacht brennt.

9. Sehnsucht

So wie sie mich haben wollen,
Will ich gar nicht sein.
Ich bleib bei den Sehnsuchtsvollen,
Und dann halt allein.

Oft ist ´s schön und oft ist ´s schwer;
Aber doch: es ist.
Wege gehen kreuz und quer.
Sehnsuchtslos zerfrisst.

10. Wieder eine Frage

Es vergeht eine Zeit,
Die eine andere ist
In meinem Erinnern.
Sie bleicht die Farben nicht
Und vergeht nicht nach Stunden.
Dieses Rot am Abend und Morgen –
Das hundertfächrige Grün der Wälder.
Diese Zeit,
Womit nur zeichnet sie,
Dass nichts je verblasst?

11. Im Nachhinein

Es verlaufen viele Tage,
Bis ich selber recht verstehe,
Was ich schrieb.

Manchmal geht es mir recht nahe,
Wenn ich dann die Worte sehe,
Und was blieb.

Friedhofsbilder, Feuerwanzen,
Straßenschilder, Kinder tanzen,
Ruhige Plätze
Mitten in der Stadt.
Viele Sätze
Rau und glatt.

12. Aschenputtel
(nur für Märchenkenner)

Willst du mit mir Erbsen zählen?
Hör! Es könnt ja eine fehlen,
Und dein wunderschönes Köpfchen
Guckt nicht nach im Taubenkröpfchen.

Puttel hier, die Asche da?!
Aschenputtels Großmama
Hätt` den Herd nicht angefeuert,
Denn das Holz war überteuert.

13. Herbst kommt auch - Ein Liebesgedicht

Schon ist der Himmel müde
Und will kein Licht mehr haben.
Er wendet sich der Erde zu;
Der Herbst greift in die Saiten.

Die alten Wassertröge,
Wo sich die Pferde laben,
Begraben in der Blätterflut.
Herbst.

Die Orgie an Farben,
Die hat er schon begonnen.
Den Nebel
Hält er noch zurück.

Vom Sommer stiehlt er sich
Den warmen Nachmittag,
Und schenkt uns
Einen ruhigen Kerzenabend.

14. Sorry

Freunde, seid mit mir geduldig,
Wenn die Lyrik mit mir spricht.
Manchmal fühle ich mich schuldig,
Denn ich bin es häufig nicht.

15. Nachtreise

Schon wieder ist es fast halb zehn,
Die Nacht war lang;
Das ist der tiefe Sinn, den ich ihr gebe.
Ganz vieles war so schwierig und so schön,
Mir war fast bang. -
Ich bin so froh, dass ich in meinen Welten lebe.

Wie gern, so gern nähm` ich dich mit.
Auf meinen Reisen wärest du die Freundin, der
Gefährte.
Wir fänden mehr, als ich alleine finde.
Doch sei entschlossen, halte Schritt,
Und traue nicht! Denn oft ist auch das alt bewährte
Ganz ohne Inhalt und nur schale Rinde.

16. Gehirnwäsche

Wollte meine Seele waschen,
Aber, leider, sie zersprang.
Seither trag ich in den Taschen
Seelenleim den Weg entlang.

Denn die Wege, die ich gehe,
Brauchen meine Seele rein,
Doch die ganze; und ich stehe
Hilflos da, mit meinem Leim.

17. Himmlische Melancholie

Sicher reimt sich Schmerz auf Herz,
Aber das muss auch so sein!,
Denn der Schmerz geht himmelwärts,
Und ist darum nicht allein.

Mancher hat die Schmerzen nie,
Ist dann einfach schlecht gelaunt,
Weiß nichts von Melancholie;
Über uns ist er erstaunt.

Viele leben viel zu eilig.
Melancholisch – das braucht Zeit;
Darum ist uns das fast heilig,
Kleines Stück der Ewigkeit.

18. Mein Regen

Das Zimmer ist hier,
Und der Regen, die Wolken . . .
Sie ziehen vom Fenster hinein in den Kopf.
Dieser Text auf Papier,
Und der Regen, die Wolken
Sind wie, wenn ich selber ans Fenster klopf.

Hier draußen, da drinnen,
Es wird alles eins,
Der Regen, das Zimmer, die Wolken.
Das Fühlen, das Sinnen,
Im Grunde nur meins,
Das Zimmer, der Regen, die Wolken.

19. Die Fluchtburg

Ich will eine Fluchtburg haben!
Hier!, und ganz für mich allein,
Außen rum ein tiefer Graben,
Nur wer gut ist, der darf rein.

Leider bin ich selbst nicht immer
Der, den ich ertragen kann;
Darum hab ich nur zwei Zimmer,
Für mich selber gilt der Bann:

In der Burg darf ich nicht wohnen,
Muss hier unter Menschen leben.
Doch es würde sich schon lohnen,
Sollt es diese Fluchtburg geben.

20. Spaß

Immer Spaß, und nur Vergnügen? -
Das geht ziemlich schnell zu Ende,
Damit kannst du dich betrügen;
Doch das Leben legt auch Brände,
Die sich nicht mehr löschen lassen;
Dann ist Schluss mit „hoch die Tassen".

21. Der Eimer

Weil er keinen Inhalt hat,
Ist der Eimer eben leer. -
Findet kein Gespräch mehr statt,
Ist das Dasein furchtbar schwer.

Wenn du dich ganz schrecklich freust,
Willst du dies auch jemand sagen.
Wenn du dich vor etwas scheust,
Willst du irgendeinen fragen.

Menschen sind Gemeinschaftswesen,
Brauchen zweite, dritte Seiten.
Was wir schreiben ist zum Lesen:
Das sind keine Kleinigkeiten!

22. Kopf und Bauch

Mensch ich möcht so furchtbar gern
Wieder mal den Kopf verlieren,
Dass der Alltag schrecklich fern,
Dass die Geier jubilieren.

Aber nein, ich tu es nicht!
Etwas schreit dann zwar im Bauch,
Doch dann sagt das Geisteslicht:
„Hör mir zu, mich brauchst du auch."

Und so leb ich ganz zerrissen,
Hier der Bauch, und da das Hirn,
Und die Narben, mein Gewissen
Zeichnen Falten auf der Stirn.

Diese Kämpfe sind nicht immer,
Aber doch von Zeit zu Zeit.
Und zum Glück wird das nicht schlimmer:
Das gibt mir Gelassenheit.

23. Heimkehr

Schon seh ich in den Augen des Hauses
Das warme Licht des frühen Abends.
Der Nachbar
Weint um den verlornen Tag.

Und ich? -
Ich schreib vergnügt
Die Bilder,
Meine Beute aus den Wäldern,
Aufs Papier.
Schadenfreudig

24. Liebeserklärung

Mein ewig tiefes Meer der Poesie!
Du endest nicht,
Du bist nie leer.
Kraft, Sprachverdichtung, Phantasie!
Und Zärtlichkeit,
Auch Wut und Hass,
Und bitterböse Ironie,
Mal abgrundtief und ernst und schwer,
Manchmal ganz leicht,
Und Witz und Spaß.
Bringst mich zu Bett,
Stehst mit mir auf.
Im Dauerlauf,
Der immer steht,
Enttäuschst mich nie,
Mein ewig tiefes Meer der Poesie.

25. Morgendämmerung

Türen, Fenster sind verschlossen,
Alle Tränen längst vergossen,
Trotzdem graut der neue Tag.
Die Gedanken gehn nach innen;
Das verfluchte wieder Sinnen!,
Was die Zeit wohl bringen mag.

Warum, frag ich, ist mir dunkel,
Dunkler als beim Sterngefunkel,
Wenn schon hell die Sonne scheint?
Werde ich denn nie begreifen,
Dass in jedem Dämm`rungsstreifen
Eine schwere Nacht noch weint?

26. Abenddämmerung

Leise geht die blaue Stunde
In den langen Abend über.
Wieder dreh ich meine Runde;
Dort, der Himmel, wird schon trüber.

Ihre Worte klingen weiter,
Leicht gesagt, und leicht verschwommen.
Ihre Seele war nicht heiter,
Meine Seele ist beklommen.

27. Bettlerlied

Gebt mir nichts! Ich will nichts haben!
Wer nimmt gern den letzten Bissen?
Und mit euren milden Gaben
Tröstet ihr nur das Gewissen.

Gebt mir nichts! Ich brauch es nicht.
Es ist bitter, was zu brauchen.
Seht mir ja nicht ins Gesicht!
Gebt mir höchstens was zum Rauchen.

Gebt mir nichts! Ich hab genug.
Es ist schlimm, wenn ihr euch schämt,
Über meinen Selbstbetrug,
Und so gar nichts von MIR nehmt.

28. mauer weg online

prenzelberg walpurgisnacht

diesmal keine straßenschlacht

fette yuppies beim relaxen

viele junge hübsche hexen

mauer hoch im kopf gebaut

alles online nichts verdaut

29. Besuch bei einer alten Dame

Dein Tee wird kalt, du trinkst ihn nicht.
Der Tag wird alt, wie dein Gesicht.
Komm, lass uns eine Weile schweigen.
Dort hinter deinem Grammophon,
Vergilben deine Bilder schon.
Du willst sie mir nicht wieder zeigen.

Du bist weit weg, in deinem Land.
Warum, das ist nur dir bekannt.
Es fängt ganz leise an zu regnen.
Kein Donnern, keine hellen Blitze.
Es reicht dir, wenn ich nur hier sitze.
Es ist genug sich zu begegnen.

30 Zustände

I

Unzufrieden
Unfrieden
zu

II

Eindruck
Abdruck
Saufdruck

III

Weggehen
Gehen
Weg

IV

Überleben
Weiterleben
Leben

31. Rilke

Erst ist´s trocken unter Blättern.
Danach ist es lange nass,
Nach den schweren Sommerwettern.
Über läuft das Regenfass.

Was die Dämme nicht gehalten,
Halten sie jetzt nimmer mehr.
Trocken werden nur die Alten,
Und die Jungen weinen sehr.

32. Wieder mal

Hilflos stehe ich daneben,
Seh, wie er sich ruiniert,
Und kann nichts als Worte geben,
Die er gar nicht mehr kapiert.

Bei mir staut sich Zorn und Trauer,
Die ihn auch nicht mehr erreichen.
Bin am Ende richtig sauer
Auf mich selbst und seinesgleichen.

Dann lass ich ihn einfach stehen,
Geh in meine eigne Welt.
Er soll selber aufrecht gehen. -
Hör im Weggehn, wie er fällt.

33. schuhe kaufen mit polly

megapolis
make up polly´s
polyglottes
pep up police
polly.

kaffee eis
coffeeshopper
harry potters
citybettler
news on wall
polly

clogs
und tops
und shirts
ice und cream
kajal and dream
polly

34. Doch du rennst hinterher

Dort steigt deine große Liebe
In die letzte U-Bahn ein.
Ach, wenn die doch stehen bliebe!
Aber nein, es soll nicht sein.
Warum ist das denn so schwer?
Du rennst noch hinterher.

Dann mit deiner letzten Kohle
Suchst du eine Kneipe auf,
Und beweinst im Alkohole
Den beschiss´nen Lebenslauf.
Endlich geht dann gar nichts mehr,
Und du torkelst hinterher.

So nach drei, vier, fünf, sechs Tagen,
Bist du halbwegs auf dem Damm,
Stellst die selben blöden Fragen,
Bist so durstig wie ein Schwamm.
Was du willst, weißt du nicht mehr,
Doch du rennst hinterher.

35. Der Wackerstein

Lasst mich wieder weinen lernen,
Und zuweilen traurig sein;
Will den Stein im Bauch entfernen,
Denn ich trag ihn ganz allein.

Ach, der Brunnen ist so tief!,
Und die Quelle ist so weit.
Dort wo Wolf und Wölfin schlief
Ist noch immer Märchenzeit.

Märchen, Märchen bist du wahr?
Hat ein Dichter dich ersonnen?
Deine Worte sind so klar,
Haben eben erst begonnen.

36. Kalt im Sommerwald

Wispernd ruft der Sommerwald:
„Komm. Ich bin so sehr allein!
Es ist Sommer, doch noch kalt;
Kannst du denn nicht bei mir sein?"

Ach, mein Wald erkennt mich nicht,
Hat zu tun, muss schaffen, weben,
Trägt ein fremdes Angesicht,
Führt ein stetes Eigenleben.

„Warum hast du mich gerufen,
Fremder, kalter Sommerwald?"-
„Siehst du nicht, was wir hier schufen?
Ich brauch einen, der das malt."

37. Ein Traum

Hörst du nicht, die Uhr blieb stehn!
Draußen weht ein heißer Wind.
Diese Uhr wird nie mehr gehn.
Zeiten, die vergangen sind
Greifen nach dem grellen Licht,
Das noch immer zu dir spricht.

38. Brennende Frage

Wenn du eine Blume siehst,
Interessiert dich nicht der Stengel.
Wenn du vor dem Teufel fliehst,
Denkst du nicht an einen Engel.

Holz, das wärmt dich nur in Flammen,
Dann sind Glut und Holz zusammen.

39. Der Mond im August

Täglich wechseln Licht und Schatten,
Manchmal sogar jede Stunde.
Viel zu hungrig sind die Satten,
Plappern auch mit vollem Munde.

Dann im Mondlicht, wenn der Schlaf flieht,
Wachsen Schatten her vom Deister,
Und aus längst vergang`ner Zeit zieht
Das Gespenst der alten Geister.

Diese Schemen, kaum zu fassen,
Überreden nicht zum Handeln;
Sie verführen, es zu lassen,
Und im alten Trott zu wandeln.

Immer wieder bist du selber
Nur du selbst durch neuen Mut,
Und erkennst im Mond der Wälder
Was in deiner Seele ruht.

40. Ein Freund beobachtet

Der Wintervogel, schwarz und groß,
Fängt hier am Weg sich ein Stück Brot.
Hoch überm Wald dann, lässt er's los,
Und findet dabei keine Not.

Er weiß, was er verloren hat,
War nun ein kleines Stückchen Beute.
Er weiß auch, er wird trotzdem satt,
Und nicht erst morgen, sondern heute.

Es ist' s nicht wert, dem nachzujagen,
Was man im Flug verloren hat.
Der Vogel fliegt an manchen Tagen,
Einfach nur so über die Stadt.

41. Eine Begegnung

Du bist versalzen, liebe Schlampe,
So trostlos wie ein Schwein,
Das nicht gebraten werden will.
Dein Herz, die leergeschoss`ne Abschussrampe,
So traurig, müde, allein,
Und wie dein stummer Mund so still.

Bleib weg vom Rand!
Das dunkle Wasser stinkt schon jetzt genug,
Es wird nicht heller durch den modernden Kadaver,
Der existierend keine Lösung fand,
Sich rettete in Frust und Selbstbetrug,
Und nur gelegentlich zufrieden war in sinnlosem
Palaver.

Es ist schon spät!
Du bist zu leer, und kannst alleine nicht ins Bett,
Hättest ja nichts, um deine Blöße zuzudecken.
Die rosarote Frühlingsbrise weht,
Die Nacht - nicht schön, doch wenigstens ein
kleines bisschen nett;
Auf einer Fete kannst du dich im Massenrausch
verstecken.

Du bist bequem, -
Für eine Stunde oder zwei,
Für meine lästigen, doch harten Triebe.
Wir tun´s im Stehn,
Und ich bin gar nicht oder zur Hälfte nur dabei;
Wir machen alles mögliche, doch ganz bestimmt
nicht Liebe.

42. Frau Aue

Ich habe nicht um sie getrauert,
Und sah sie nie.
Kenn von ihr auch kein Bild.

Nicht weit von hier,
Gleich um die Ecke,
Ist ihr Grab.
Und oft, ach oft,
Da rührt sie mich,
So sehr, dass es mich manchmal schauert,
Und mich mit sanfter Wehmut rührt,
Dass ich sie selber
Nie gesehen hab.

Doch immer dienstags
In der blauen Stunde,
Wenn ich es nicht versäume, gar verbummle,
Dann hör ich sie,
Und höre sie aus anderm Munde,
Und bin ihr dankbar,
Ihrem nicht gestorb´nen Geist.

43. Meine Vergangenheit

Wie ein Stück Marmor
Fortgeschmuggelt aus Ruinen
Kantig und kühl in meiner Hand. –
Wenn ich in einer hellen Nacht
In den fast blinden Spiegel sehe,
Seh ich nicht den, den ich erwartet habe,
Ich sehe den, an den ich mich erinnere.

44. Meinem Freund Karl

Sag mir nichts von jenen Ländern,
Ohne Menschen, ohne Bäume,
Schwer zerrüttet an den Rändern,
Durch Verbote, hohe Zäune
Jener Traum der Anarchie,
Schon getrübt durch Chaosangst,
Altgeliebte Utopie,
Wenn du um das Morgen bangst.

Zeig mir lieber dunkle Wälder,
Wo die alten Märchen träumen,
Und in weite Blumenfelder,
Lieb bewacht von guten Bäumen,
Deine Seele stets erwacht,
Und erfüllt den ganzen Tag,
Auch den Winter, auch die Nacht,
Weil sie nicht mehr schlafen mag.

Rede von den alten Zeiten,
Lass sie so! als Anekdoten.
Ach, ich kann doch nicht bestreiten,
Dass geliebt war, was verboten,
Und wie schön warn deine Frauen. –
Ohne Hektik, ohne Last
Kannst du dir jetzt selber trauen,
Weitergehn ist süße Rast.

45. Verregneter August

Wald im Nebel, oft beschrieben,
Welches drückende Gefühl!
Ach, ich werd ihn trotzig lieben,
Weil ich kann, und weil ich will.

Wälder können düster wirken,
Doch die Wahrheit ist das nicht,
Und ob Tannen oder Birken –
Nur ich selbst bestimm das Licht.

Manche Wälder sind im Nebel
Schier erdrückend, eine Qual,
So als trügen sie den Knebel,
Der mich fesselt, wieder mal.

Mich erschüttert dieses Fühlen,
Fühl mich ganz und gar allein.
Unter Bäumen, nassen, kühlen,
Weiß ich: ja, so muss es sein.

46. Zum Ende

Ach, ich hatte es im Sinne
Dir, nur dir, ganz zu gefallen,
Dass ich gar nicht erst beginne,
Liebstes Kind zu sein von allen.

Es vergingen viele Wochen,
Wo ich selber mich nicht kannte;
Und ich kann nicht nur drauf pochen,
Dass ich sinnlos mich verrannte.

Meine Liebe ging zur Neige,
Denn ich kann nicht, wie du willst.
Was ich dir von mir nur zeige,
Ist mein Hunger, den du stillst.

47. Beim Lesen von Emily Dickinson

Wenn wir aus unseren Räumen gehen,
Lassen wir das Licht brennen,
Ja, auch am Tag!
Was soll der Geist,
Der zwischen unsern Wänden wohnt,
Und mancher ungebetene Gast,
Im Dunkeln stöbern?

Die abgeschlossene Tür
Ist nie ganz zu;
Für den, der nicht in unsern Räumen wohnt,
Ist es nicht schwer
Ein weiteres Licht,
Hier zwischen unsern Wänden
Zu entzünden.

Da kommt der Geist dann,
Und bedankt sich
Mit Verweisen und Humor.

48. Meersburg

Jene alte Stadt, die Gassen,
Manches wunderliche Haus,
Längst schon hab ich losgelassen,
Lernte nichts für mich daraus.

Ich versteh den Traum, die Bilder,
Habe alles ausgemessen;
Oft ein Lamm, manchmal ein Wilder,
Gar nichts habe ich vergessen.

Und ich träum so gern vom See,
Wo die Droste aus Westfalen
Dichtete von meiner Fee;
Jeden Traum muss ich bezahlen.

Diese alte Stadt, die Gassen,
Leben nur in meinem Traum.
Ungern werd ich ihn verlassen,
Kehr zurück zu meinem Baum.

49. Rede an die Wand

Im Dunkeln tapp ich oft; Gedanken
Huschen hin und her.
Hier weiß ich selbst mich in die Schranken,
Dort geht es nicht und ist zu schwer.

Was ich auch weiß, es hilft mir nicht
Die dunklen Schatten zu vertreiben.
Und alles Wissen bringt kein Licht:
Ich muss ja doch ich selber bleiben.

Was mich dann rettet, ist ein Du,
Und sei es eine Rede an die Mauer,
Nenn es ruhig sinnlos, es gehört dazu,
Vielleicht nur heute, nicht einmal auf Dauer.

50. Weihnachtsspaziergang

Ausgesternte stille Nacht,
Höhepunkt der Jahresfeste.
Dort, die Frau, die leise lacht,
Teller voller Essensreste.

Das ist sie jetzt, die Zeit der Jahresfeste,
Besetzt mit Dingen, die mir nichts bedeuten.
Jeder wird Gast, hat selber Gäste,
Ist unter Menschen, nicht nur unter Leuten.

Nebel hüllt das Städtchen ein,
Es ist kalt, doch Winter nicht.
Niemand kann alleine sein;
Schmuddliges Dezemberlicht.

Wo ist sie jetzt, die tiefere Besinnung?
Wer kommt zur Ruhe, nicht nur zur Betäubung?
Wer fragt schon nach der eigenen Bestimmung,
Und kennt von irgendwas die wirkliche Bedeutung!

Bäume sind jetzt struppig kahl,
Wehren sich und sind nur da.
Alles wirkt so schmutzig fahl,
Nicht weil`s ist: weil ich`s so sah.

Ich geh zurück, und bleibe unter meinen Büchern.
Kein Schnee, kein Regen. Warme Lichter meiner
Kerzen.
Ein kleines Glück, und manches unter trocknen
Tüchern,
Kann wieder etwas echter mit mir selber scherzen.

51. Von meinem Standpunkt aus

Setz mich gerne zwischen Stühle,
Hier versuch ich zu bewahren:
Augenblicke, Zeit, Gefühle,
Frage nach dem Offenbaren.

Habe manchmal Angst, na und?
Weiß, es geht fast jedem so.
Zweifel haben ihren Grund,
Und die Ängste sowieso.

Seh im Dunkeln oft die Bilder,
Die mich nie verlassen werden.
Mal im Träumen mir die Schilder
Mit den wüsten Drohgebärden.

Und der Schrecken ist verschwunden,
Hat die Stühle mitgenommen,
Einen Platz hab ich gefunden,
Offenbart, geschenkt bekommen.

52. Wand und Wald

Wand und Wald sind Wechselbilder,
Manchmal ist der Wald die Wand,
Ohne Türen, ohne Schilder,
Wie in Alice` Wunderland.

Keinen Eingang, keine Türen,
Nur das tausendfache Grün,
Spuren, die nach Hause führen,
Auch wenn keine Blumen blühn.

53. Iris

Verletzte Seelen schreien,
Auch wenn sie keine Sprache haben.
Hab ich vielleicht
Zu oft weggehört? -
Nein,
Es gab in meiner Welt
Kein Werkzeug
Für ihre verletzte Seele.
Grausam scheint mir das.
Jetzt seh ich wieder,
Er ist mitten unter uns,
Der Tod.

54. Warten

Warten, warten. Hoffen. Bangen.
Soviel Arten Anzufangen.

Über mir, da schwebt die Zeit,
Ich bin gar nicht mittendrin.
Schnelle oder Langsamkeit:
Warten macht mir keinen Sinn.

Warte, warten. Lungern. Gammeln.
Spiel mit Karten. Unsinn sammeln.
Schafe weiden in der Heide,
Und ihr Hirte wartet nicht.

Hund und Hirte, alle beide,
Nutzen nur das Tageslicht.

55. Selbstgefängnisgitter

Ihr Leiden treffen bitter,
Weil ich in der Nähe bin,
Und das Selbstgefängnisgitter,
Hält sie draußen und nicht drin.

Dieses Selbstgefängnisgitter
Hält sie fern vom eignen Ich,
Es sind Tonnen, nicht nur Liter;
Warum trifft das auch noch mich?

56. Schlaraffenland der Seele 1

Wo ist das Traumland meiner Seele? -
Nicht dort, wo ich schon alles habe,
Wo ich mich niemals mühsam quäle,
Wo `s friedlich ist, bis hin zum Grabe.

Dort fällt im Winter blauer Schnee,
Ich höre, wie die Flocken schweben,
So leise ist´s, es tut fast weh;
Wird gute, teure Nahrung geben.

Das was ich werde, was ich will,
Auf keinem Plan ist es zu finden,
Ist manchmal laut, ist manchmal still,
Gemalt im Baum, in seinen Rinden,

Im Reiherflug, der nach Südwesten,
Vielleicht gerichtet nach Nordosten. -
Die Ruhe nach den wilden Festen,
Wo tausend Bilder uns umtosten,

Das alles frisst der blaue Schnee,
Und endlich kann ich meine Spuren,
Weil ich auf keinen andern steh,
Der Zeit entlocken, den Lemuren.

Es ist ein Traumland, ja gewiss,
Ich fühl nicht immer, wie ich denke,
Und überspiele diesen Riss.
Denn Träume sind Naturgeschenke.

57. Schlaraffenland der Seele 2

Gelassene Geborgenheit,
Wo das Gemüt in seiner Zeit
Umwirbelt wird von Glück und Leid.

Am Anfang mit dem Ende spielen,
Die Hitze mit dem Feuer kühlen,
Daneben, nicht ins Schwarze zielen,
Beneidet werden in Gefühlen.

Brücken über jeden Graben,
Stets genug von allem haben,
Honig lassen in den Waben.

58. Tadeusz Rozewicz

Nur silbern bleicht er
In der blauen Stunde,
Der große Mond,
Der goldne Berg der Armen.
Dann in der Nacht,
Er spricht zu mir,
So wie er zu der
Armen Mutter sprach,
Und gibt den Reichtum,
Der nichts kostet,
Und ist nicht immer,
Aber überall
Zu sehen.

59. Was bewegt

Wie Hölderlin die Hoffnung sucht,
Francois Villon den Papst verflucht,
Ich fluche mit, ich suche mit.
So nahe ist mir Hesses Wald,
Ich hör den Nebel, wie er schallt,
Er explodiert wie Dynamit.
Sind das nur Worte, nur Gesang,
Was mir so tief ins Innre drang?
Das kann ich niemals glauben!
Es ist Magie, ist Zauberkraft,
Die in mir neue Welten schafft,
Und niemand kann`s mir rauben!

60. Was tun?

Früher hatt ich kaum Vertraun,
Immer bin ich abgehaun.
Jetzt bleib ich trotz Ängsten hier,
Sage andern und auch mir:
Ich bleib.

Selten hau ich auf den Putz,
Wühle kaum im eignen Schmutz;
Ein Schritt vorwärts, zwei zurück,
Ist für mich kein Lebensglück:
Ich schreib.

61. Was bleibt

Schlicht und einfach sind die Worte
Meines Landsmanns Bertold Brecht;
Schwarzes Brot, nicht Sahnetorte,
Und nicht immer sehr gerecht.

Dieses Land der kalten Herzen,
Wie es Anna Seghers schrieb,
Kann nicht mit den andern scherzen,
Die es einst ins Elend trieb.

Wenn ich mühsam alles koste,
Bleibt am Ende nur das Wort:
Rilke, Kafka und die Droste
Sprechen auch am fremden Ort.

62. Rimbaud

Er wusste, dass wir sterben müssen,
Und tröstet sich an Belgiens Flüssen
Mit Alkohol und falschen Küssen.

So jung schon alt,
Voll Sprachgewalt!
Und *wie* er malt!

63. Das Ende eines Anfangs

Regenwolken über'm Deister,
Dämmrig fahl, gebrochnes Licht;
In den Träumen spuken Geister,
Doch ein Grauen spür ich nicht.

Altes Wissen, neu erfahren,
Menschen nehmen, wie sie sind,
Das bekannte offenbaren,
Alt und neu sein, wie ein Kind.

64. Meine Jahreszeit
(für Anna Prismanova)

Die abgeernteten Felder,
Wo jetzt die Habichte kreisen,
Und abends die Raben
In Haufen hocken,
Entblößen das Land.

Der Wald hat sich
Seine Beleuchtung
Selber gewählt.

Am Spätnachmittag,
Wenn in der Windstille
Dich die Sonne blendet,
Spürst du gleich beides,
Sommer und Winter;
Der Frühling ist lange vorbei.

65. Ich Optimist

Kann es das tatsächlich geben,
Dass die Menschen nur so leben,
Und nicht wissen, dass sie sind?
Dass sie niemals tiefer denken?
Nur die Glotze, nur die Schenken,
Fortgewehtes Laub im Wind?

Ich glaub nicht, dass das so ist,
Doch ich bin ein Optimist.

66. Glückssucher

Was suchst du? Das Glück?
Du findest, oh ja du findest
Ein Hufeisen,
Ein vierblättriges Kleeblatt,
Und es begegnet dir
Der Kaminkehrer
Und ein Brautpaar.
Aber das Glück?
Nein!
Oder lag es
Vielleicht an der schwarzen Katze,
Die dir falsch begegnete?
Was suchst du?

67. Trauerwut

Meine Trauer versteckte ich gut,
Verbarg sie vor allem vor mir,
Und in meiner Trauer war immer die Wut,
Dass ich etwas von innen verlier.

Wütend und zornig will ich nicht sein,
Weil es so oft zurückfällt auf mich.
Doch die Trauer in mir ist niemals allein,
Und drum bin ich wütend auf?

68. Sehnsucht

So wie sie mich haben wollen,
Will ich gar nicht sein.
Ich bleib bei den Sehnsuchtsvollen,
Und dann halt allein.

Oft ist ´s schön und oft ist ´s schwer;
Aber doch: es ist.
Wege gehen kreuz und quer.
Sehnsuchtslos zerfrisst.

69. Bewusste Analphabeten

Oh, sie wissen, wie es geht,
Haben ´s mühevoll gelernt.
Doch vom Inhalt, der da steht,
Sind sie meilenweit entfernt.

Es reicht nicht, genau zu sehen,
Wie die Zeichen lauten sollen.
Um den Inhalt zu verstehen,
Muss man ihn auch lesen wollen.

70. Warum? Darum!

Wo ich bin, da will ich sein.
Warum bin ich hier allein?
Auf den eingefahrnen Wegen,
Kann ich mich nur schwer bewegen;
Und ich will von mir so viel,
Warum ist mein Weg mein Ziel?
Darum.

Wie rum, Warum!, ist kein Spiel.
Kluge Kinder fragen viel.
Darum.

Fragen brauchen keine Worte;
Es gibt sie an jedem Orte.
Antwort geben ist oft leicht,
Fragen nicht!, denn das erreicht
Mehr als nur ein halbes Ohr,
Und kommt viel zu selten vor.
Warum?
Darum!

71. Ein Fußpflaster

Meine alten Wanderwege
Musst du gar nicht von mir wissen.
Alte Narben, die ich pflege,
Liegen ruhig auf dem Gewissen.

Sag, was lässt dir keine Ruh?
Aber heute, hier und jetzt!
Komm erzähl, wo drückt der Schuh?
Hat ein Steinchen dich verletzt?

72. Das Museum

Schöne Dinge mag ich gerne,
Nicht zum Haben und Bewachen.
Gerne seh ich aus der Ferne
Hunderttausend schöne Sachen.
Mein Museum ist die Welt:
Mir gehört, was mir gefällt.

73. Menschenbürde

Meine allerschwerste Bürde
Ist wohl meine Menschenwürde.
Immer muss ich neu erfahren:
Sie lässt sich ganz schwer bewahren.
Wenn ich falle, fällt sie mit;
Oft, ach oft, halt ich kaum Schritt,
Weiß oft gar nicht, was sie meint,
Und bin dann ihr größter Feind.

74. An meine Muse

Der Tag geht zur Neige,
Das Wachsein noch nicht.
Der Mond nimmt jetzt zu, wird bald rund.
Ich bitte dich, zeige
Mir doch dein Gesicht,
Und deinen manchmal etwas schnippischen Mund.

Was lästerst du, Schöne?
Es ist gar nicht spät,
Die Vögel sind lange nicht wach.
Ich glaub, ich gewöhne
Mich dran, dass es geht,
Und bleibe allein unterm Dach.

75. Du und ich

Was du mir sagst, das hilft mir nicht. -
Mir hilft es, dass du mit mir sprichst.
Mein Gegenüber, dein Gesicht,
Setzt alles in ein andres Licht.

Nur immer ich, und ich allein,
Bringt als Ereignis keine Ruh.
Ein jedes Ich ist furchtbar klein,
Hat es nicht ab und zu ein Du.

76. Das Paradies

Tu dem Paradies nicht weh!
Es will nicht erfunden werden.
Wenn ich deine Träume seh,
Nicht im Himmel, hier auf Erden,
Dann ist jede schöne Zeit
Eine kleine Ewigkeit.

Mach kein Paradies kaputt!
Es gibt davon tausend Sorten,
Manches Mal sogar im Schutt,
Manchmal in ganz kleinen Worten;
Denk daran im Hier und Jetzt,
Wenn du deine Worte setzt.

77. Mein Blog

Die Straße geht allein zu dir,
Jeder kann jetzt auf ihr gehen.
Bilder, Texte auf Papier,
Die, wie ich es will da stehen.

Das Papier sind Bits und Bytes,
Manches kommt tief aus dem Bauch.
Und der ganz besondre Reiz:
Vieles andre eben auch.

78. Es geht

Bis man sich es eingesteht,
Dass es bis zum Halse steht,
Wasser, das sich dreht und dreht,
Will man meistens viel zu spät,
Dass es geht.

Und wenn lauer Südwind weht,
Und der Nachbar Rasen mäht,
Kommt dann her, und redt` und redt`,
Will man lieber jetzt, als spät,
Dass er geht.

Du hast etwas ausprobiert,
Sieht sogar es funktioniert,
Und du bist ganz aufgedreht,
Merkst, es ist noch nicht zu spät,
Und es geht.

79. Große Liebe?

In der Nacht bei Kerzenlicht,
Lieb ich jede Frau und keine.
Wer sie ist, ich weiß es nicht.
Jetzt bin ich auch gern alleine.

Meine letzte große Liebe
Habe ich noch nicht gefunden.
Und was dann noch übrig bliebe,
Sind die allerschwersten Stunden.

80. Urlaubsreif?

Wenn man sich nicht selber hört,
Weil das Alltagstreiben stört,
Und gerät an seine Schranken,
Soll man neue Kräfte tanken!

Das geht nicht im Alltagstrubel,
Nicht im Kampf um Cent und Rubel;
Eine Pause muss man machen,
Denn sonst kann man nicht mehr lachen.

81. Kampf mit der Seele

Als ich ihre Augen sah,
Fror es mich bis tief ins Mark.
Ach, ich weiß nicht, was geschah;
Sie war schwach, und ich war stark.

Eine Mauer zog ich hoch,
Höher als der höchste Baum.
Und ich log: „Ich lieb dich doch!" –
Da verlor ich meinen Traum.

Seit ich nicht mehr mit ihr streite,
Und mich selbst dabei nur quäle,
Ist es schön, denn ich begleite
Jetzt in Freundschaft meine Seele.

82. Brot
Oder: Hartz IV erspart mir eine Mausefalle

Heute ess ich ein Stück Brot,
Morgen hab ich auch noch eins;
Dann beginnt die kleine Not:
Übermorgen hab ich keins.

So muss ich Konserven essen;
Das geht auch, ist halt nicht gut.
Ja, ich hab schon fast vergessen,
Wie gut ein Stück Fleisch mir tut.

Der Kaffee ist längst schon alle,
Na, dann trink ich eben Tee. –
Ich brauch keine Mausefalle,
Wenn ich meinen Vorrat seh.

83. Einsamkeit

Wenn du sagst, ich bin allein,
Und die Einsamkeit ist groß,
Musst du schon genauer sein,
Denn sonst wirst du sie nicht los.

Jeder ist doch auch für sich,
Nicht nur Teil von etwas Ander´m.
Und wer Baum und Wald verglich,
Wird ganz anders darin wandern.

84. Kalauer vom Wasser

Wasser schmeckt am besten kalt,
Oder heiß, dann nennt man`s Tee.
Wenn man etwas mehr bezahlt,
Heißt das ganze auch Kaffee.
Und für einen andern Preis,
Kriegt man`s fest, dann heißt es Eis.

85. Jagdverein

Jeden Monat eine Sau,
Und auch mal ein Reh dazwischen,
Vor der Hütte schon ein Stau,
Man hört Champuskorken zischen.

Dann hält der Jäger aus Kurpfalz,
Die Wodkaflasche an den Hals.
Hurra!

Stimmung – ganz phänomenal,
Jeder darf etwas erschießen,
Grade so, wie dazumal;
Nur die Ohren muss man schließen.

Da kippt der Jäger aus Kurpfalz,
Noch einen Schnaps in seinen Hals.
Hurra!

86. Veränderung

Mit der Furcht die Angst bekämpfen,
Die mal wieder nach mir greift;
Langsam dann die Unruh dämpfen,
Die schon wieder in mir reift:

So hab ich zu lang gelebt! –
Weil mir alles widerstrebt,
Was das Freisein schwerer macht,
Hab ich über mich gelacht!

Plötzlich hatt` ich was zu tun,
Und ich wusste sogar was,
Lauf in meinen eignen Schuh`n,
Habe an mir selber Spaß.

87. Hemd und Schuh - Neufassung

Ich mag Dich wie mein altes Hemd,
Das hundertmal gewaschen ist,
Mir so vertraut und niemals fremd.
Drum bleibe einfach wie du bist.

Sei einfach da, mir so vertraut,
Und werde immer wieder du.
Du Melodie, mal leis, mal laut,
Ich mag dich, wie den alten Schuh.

(die Erstfassung hatte ich bereits 1981 geschrieben)

88. Das Glück

Das Glück hat keine Postleitzahl,
Ist manchmal klein, und auch mal groß,
Und mancher sieht es nicht einmal:
Wahrscheinlich ist es obdachlos.

89. Nicht gleichgültig

Ohne Zögern, ohne Schämen
Will ich mir vom Leben nehmen,
Was es mir zu bieten hat,
Denn ich bin noch lang nicht satt.

Wie die Wurzeln eines Baumes,
Sind die Bilder meines Traumes
Tief und lang in meinem Reich; -
Darum ist mir auch nichts gleich.

90. Marina Zwetajewa

Wenn ihre Seele schwingt, und schwingt,
Trifft sie zuweilen ein
Gleichklang meines Herzens.

Wie kann sie denn so lange gestorben sein,
Wenn ich doch ihre Wärme fühle?
Ein Trost, dass Worte mir
So überhaupt nicht sterblich sind.

So les ich voller Freude,
Voller Staunen.
Marina.
Russisch lernen.

91. Das Bild

Du fragst, wie male ich ein Bild,
Und hast mit dieser Frage
Schon das Bild verloren.
Gesehen hast du ´s nicht,
Sonst hieß die Frage,
Wie male ich das Bild.

Lern sehen eh du malst,
Und male nicht,
Bevor du malen musst.
Ob du ´s dann malen kannst,
Ist eine andre Frage.

92. Stille

Diese Stille will ich suchen,
Zwischen Schweigen und fast Reden,
Unter Eichen, unter Buchen,
Und sie ist für mich und jeden.

93. Versteckt und offen

Immer wenn ich sie verstecke,
Meine Ängste, Wünsche, Träume,
Und mit etwas überdecke,
Und mich selbst dabei versäume,
Dann wird´s kalt in meiner Seele,
Die ich dann nur sinnlos quäle.

Immer wenn ich offen zeige,
Meine Ängste, Wünsche, Träume,
Und mir selber nichts verschweige,
Einfach da bin, wie die Bäume,
Find ich wieder neuen Mut;
Dann geht ´s meiner Seele gut.

94. Zählen

Immer wird alles gezählt,
Das Geld, und die Stunden, die Sachen.
Wir haben das selbst so gewählt,
Wir wollen es nicht anders machen.

Wir lernen zu lieben,
Dass die Schublade stimmt.
Doch wie man ´s auch nimmt,
Nur Zahlen sind übrig geblieben.

95. Der eigene Wille

Wenn aus den vier Elementen,
Feuer, Erde, Wasser, Luft,
Kraft aus fernen Firmamenten
Ein Geschöpf ins Leben ruft,
Fragt sie nicht, ob es das will,
Bleibt der eigne Wille still.

Sagt dann dieses Einzelwesen,
Irgendwann: „Ich will nicht mehr,
Nicht im Guten, nicht im Bösen."-
Warum ist`s für euch so schwer,
Ihm das eigne Recht zu lassen,
Und es nicht dafür zu hassen?

96. Frühlingslied

Mühsam rudeln sich die Wölfe
Hinter einer Stadt aus Schnee.
Tief im Wasser lockt die Elfe,
Die ich ängstlich-gerne seh:
In den Haaren Sternenflitter,
Meine Träume - schwer und bitter.

Wenn der Schnee im Frühling taut,
Sind die Wölfe schwer geschunden.
Dort im Teich die Elfenbraut,
Hat die Träume neu erfunden.
Alles lebt und alles schafft,
Leid und Lieder massenhaft.

97. Spatzen

Dort
Am Gedenkstein
Für die Toten irgendeines Krieges
Schimpft immer eine kleine
Schar von Sperlingen.
Sie rühren mich immer,
Diese putzigen
Nachfahren der Saurier.

98. Lesen

Manchmal will ich mich verkriechen,
Geh ganz ungern aus dem Haus,
Kann das Dunkel förmlich riechen,
Alles sieht so finster aus.

Vor mir sind nur hohe Wände,
Die ich kaum erklimmen kann.
Kraftlos falt ich meine Hände,
Fühle mich als alter Mann. –

Doch dann rufen mich die Dichter,
Zaubern durch Magie der Worte
In das Dunkel helle Lichter,
Tragen mich an andre Orte.

99. Das Kissen

Morgens nass geweint, das Kissen,
Innerlich total zerrissen,
Denn du weißt nicht, was du willst.
Hier ein Schlückchen, dort ein Bissen,
Fremdes Haar auf deinen Kissen,
Weil du nur Verlangen stillst.

Nur auf eigene Gefahr,
Werden Wirklichkeiten war,
Wie schon Heinrich Heine meinte.
Du musst dich schon selber trauen,
Und in deinen Spiegel schauen:
Dein Gesicht ist`s, das verweinte.

100. Der alte Säufer

Dein prall gefüllter Bettelsack
Ist eine Aldi-Plastiktüte.
Ein alter Parka ist dein Frack,
Doch dein Gesicht, das strahlt vor Güte.

Du bist schon alt, doch guter Dinge,
Zufrieden mit der Welt und dir,
Hast eingegrab´ne Augenringe,
Und riechst nach Fusel und nach Bier.

Es geht dir gut, ich seh´s dir an. –
Kaum einer würde mit dir tauschen,
Höchstens für Stunden könnte man,
Zufrieden nur dem Leben lauschen.

101. Vor den Winterstürmen

Jetzt schweigt mein Wald.
Er wartet auf die ersten Winterstürme.
Die Nacht war schon empfindlich kalt,
Da drüben – schwere, dunkle Wolkentürme.

In den Geheimnissen der Wege durch den Wald
Hab ich herum gezerrt und Zeit gesammelt.
So viel war jung, nur Weniges gereift und alt,
Die alten Schätze sind jetzt längst vergammelt.

Die Wege bleiben,
Begraben unter Schnee, jetzt Laub.
Wer weiß, was die Geheimnisse noch treiben?
Und für den Lärm der Winterstürme bin ich taub.

102. Gewitterleuchten

Wetterleuchten in der Ferne,
Kleine, prickelnde Gefahr,
Fremde Blitze hab ich gerne,
Wenn es das gewesen war.

In der Nähe wächst das Grauen,
Wenn die harten Stürme toben.
Ich will nicht ins Unheil schauen,
Lieber klare Nächte loben.

103. Mut

Warum kein Mut?
Wenn jede kleine Feigheit
Dich zum Verräter
An dir selber werden lässt!

Wozu denn Mut?
Da sind doch überreich,
Die immer gleichen,
Täglich kleinen Sorgen!

Jetzt auch noch Mut? –

Oh doch!
Es braucht den Mut,
Um klar zu sehen,
Dass eine Frage,
(Nicht die Antwort),
Ein großer Teil
Des schwierigsten Problems
Sein kann.

Die Frage selbst
Gehört schon zum Problem.

Doch du
Erschöpfst dich,
In den
Täglich kleinen Mühen,
Hast nicht den Mut,
Dir eine Frage anders,

Neu,
Und unerschrocken,
In diesem kurzen Leben
Zu erschließen.

104. Dreizehn

Dreizehn – eine Zahl zum Zagen;
Sie erscheint uns krumm und schief,
Bringt zum Zögern uns und klagen. -
Was in unserm Innern schlief,
Ist die Furcht vor Ungeradem,
Ist der Trieb zur Harmonie,
Drang nach einer Utopie.

105. Illusionen

Abgespannt kommst du nach Hause,
Fühlst dich kaputt, ziemlich gestresst,
Springst noch schnell unter die Brause,
Bleibst dann locker, leicht gedresst.

    In der Glotze wartet schon
    Die perfekte Illusion,
    Von dem wunderbaren Leben,
    Das dir tausend Bilder geben.

Heute war es wieder schwer,
Hast noch gar keinen gesprochen,
Dabei wars doch, bitte sehr,
Ganz genau so wie seit Wochen.

    In der Kneipe wartet schon
    Die perfekte Illusion,
    Fühlst bei Freunden dich und wohl,
    Abgefüllt mit Alkohol.

Diesmal hast du `s wirklich satt:
Quatschen um den heißen Brei.
Ein Gespräch fand gar nicht statt,
Immer nur das Einerlei.

    Am Computer wartet schon
    Die perfekte Illusion,
    Von dem wirklichen Erleben,
    Das dir Streitgespräche geben.

Manchmal kannst du es kaum fassen,
Was das Leben mit dir macht,
Gar nichts hast du unterlassen,
Wo dein Herz im Grunde lacht.

    Deine Seele wartet schon,
    Sie will keine Illusion,
    Sondern Werte und Gehalt,
    Etwas das von selber strahlt.

106. Der mächtigste der Stadt bin ich

Der mächtigste der Stadt bin ich!:
Ich habe guten Draht zu vielen alten Bäumen,
Bin der Erfinder von Gedichten, raren Träumen,
Und der, der keine Angst vor seiner eignen Zukunft
hat;
Es gibt da jemanden, der fürchtet sich.

Der Frühling, der beginnt jetzt schon im Januar.
Die Stürme zeigen ihre harten Zähne,
Alle Verrückten machen wilde Zukunftspläne,
Kaum einer weiß noch, wie die Zukunft früher war,
Und überm Deister fliegen wilde, weiße Schwäne.

107. Herbstfeuer

Nicht mehr nur das Grün der Bäume,
Farben ziehen in den Wald;
Es wird Zeit, dass ich nicht säume,
Nachts wird´s schon empfindlich kalt.

Früh am Abend glühn die Kerzen,
Herrlich warm das Lagerfeuer,
Diese Lachen, diese Scherzen,
Meine Freunde lieb und teuer.

Jetzt ist auch der Sommer fertig,
Seine Gluten sind vergangen,
Nur im Herzen gegenwärtig,
Dieses ewige Verlangen.

108. Eine Rilkeparodie

Sommertag?

Herr, tut ´s dir leid? DER Sommer war nicht groß.
Dein Schatten lag stets auf den Sonnenuhren,
und viel zu oft warn auch die Winde los.

So viele Früchte können voll nicht sein,
es fehlen ihnen ja die vielen südlicheren Tage,
leg endlich los und jage
wenigstens etwas von der Süße in den schweren
Wein.

Wer jetzt zuhaus ist, der fährt nicht ans Meer.
Wer stets allein ist, will es gerne bleiben,
wird Fernseh schauen, Leserbriefe schreiben
und in den Supermärkten hin und her
unlustig sehn, wohin die Preise treiben.

109. - - -
- - -

Die Sprache ist mir nie zu scharf,
Und wenn ich ein Gedicht verwarf,
Dann nicht aus Furcht vor dem Gefecht,
Ich fand es dann ganz einfach schlecht.

110. Der Schmetterling

Jeder hat sein eigenes Ding;
Das hat auch der Schmetterling.
Wurm und Käfer sind ihm schnuppe,
Früher war er bloß ne Puppe.
Jetzt in seinem kurzen Leben,
Kann er uns ein Zeichen geben:
Eine Raupe war ich auch,
So ist`s alter Falterbrauch,
Hab `s als Puppe dann geschafft,
Bin jetzt bunt und flatterhaft.

111. Hannover

Du Cité Hannover, du kalte, du spröde.
Ich muss es gestehen, ich kenne dich nicht.
Für mich warst du hässlich, verkommen und öde,
Doch langsam erkenn ich dein andres Gesicht.

Ich kenn deinen Moloch, den Sumpf, den Morast,
Den Protz deiner Reichen, den Dreck deiner Armen.
Hab dich dafür schon immer so ziemlich gehasst.
Das Bild will nicht weichen, doch du willst dich
erbarmen:

Zeigst mir Ruhe und Stille, und das trotz deiner
Größe.
Du hast Künste und Bilder, nicht nur schlechte
Replik,
Eine unglaubliche Fülle. Schämst dich nicht deiner
Blöße.
Doch am meisten beeindruckt mich deine Musik.

Seh den Park Herrenhausen, die Bult und die List,
Und den Markt und die Leine, und den Wald
Eilenriede,
Wie trotz Krieg und auch Grausen so vieles sehr
schön ist.
Seh das grobe, das feine, und trotz Lärm spur ich:
Friede.

Du Cité Hannover, du kalte, du spröde,
Verbirg mir nicht mehr, deine Kraft, deinen Charme!
Vielleicht lern ich dich lieben, du bist gar nicht öde,
Denn trotz deiner Kälte bist du manchmal auch
warm.

.

Über mich:

Im Mai 1952 bin ich in einer kleinen Stadt auf der schwäbischen Alb geboren worden.

Diese Landschaft, auch die innere Landschaft des schwäbischen Lutheranertums und die geistige Größe des nahen Tübingen, haben mich die ersten zwanzig Jahre meines Lebens geprägt.

Berufserfahrungen habe ich als Buchhändler, Textilfacharbeiter, Altenpfleger, Behindertenbetreuer u.a. in vielen Teilen Deutschlands gesammelt.

Eine akademische Ausbildung habe ich nicht. Wohl aber habe ich seit dreißig Jahren viele Vorlesungen gehört, vor allem Philosophie, Germanistik und Geschichte, aber auch das eine oder andere aus der Mathematik, Medizin, Kunstgeschichte und der theoretischen Physik.

In den siebziger Jahren war ich stark in der Linken engagiert, auch das hat mich geprägt. Die geistige Nähe zu den Achtundsechzigern wird der eine oder andere Leser spüren. Heute stehe ich der Politik, jeder Art von Politik, sehr skeptisch gegenüber.

Meine Liebe zur Kunst habe ich vor allem in den staatlichen Museen im damaligen Westberlin geschult, aber auch in den Uffizien in Florenz, im Britischen Museum und der Tate-Gallery in London.

Meine Vorliebe für die klassische Musik begann wohl 1967 in der Philharmonie anlässlich eines Konzerts mit Herbert von Karajan.